여정, 길 위의 시선

심지시선 049

여정, 길 위의 시선

2023년 9월 27일 초판 1쇄 발행

지은이 윤여정
펴낸이 윤영진
기획편집 함순례
홍 보 한천규
펴낸곳 도서출판 심지
등록 제 2003-000014호
주소 34570 대전광역시 동구 대전천북로 12
전화 042 635 9942
팩스 042 635 9941
전자우편 simji42@hanmail.net
ⓒ윤여정 2023
ISBN 978-89-6627-243-3 03810

* 저자와의 협의에 의해 인지를 생략합니다.
* 이 책 내용의 전부 또는 일부를 재사용하려면 저자와 심지 양측의
  동의를 받아야 합니다.

심지시선 049

여정, 길 위의 시선

윤여정 시집

시인의 말

나에게 시는

고달픈 삶의 여정에서
내가 쉴 수 있는 고마운 안식처

미지의 산줄기를 넘어가는 동행

고맙습니다

2023년 가을
윤여정

차례

시인의 말　005

제1부 두 별 사이의 거리

너를 처음 본 순간　013
10센티　014
기도　015
흔적　016
기다림　018
우체국 가는 길　020
촛불 —월남에서 산화한 작은오빠를 기리며　021
2월의 옷깃　022
우물가에서　023
짝　024
인연 1　025
철공소의 봄　026
이팝나무　027
넝쿨　028
대파의 생명　029
노모와 밥　030
개미 공동체　031

제2부 그대가 좋다

어머니 035
그대를 보고 있으면 036
그대가 좋다 037
내 안의 그대 038
자화상 039
빈집 040
잡초 041
갈등 042
인연 2 043
효자 6목 —대전문학관 앞 뜰에서 044
아메리카노 2 045
어디로 가는가 2023 046
박 씨의 오일장 047
돋보기 2 048

제3부 길 위의 시선

가지치기 051
돌단풍 052
바닥 053
산티아고, 순례길 054
감꽃 056
얼음조각 057
도기 그릇 058
아메리카노 1 059
강호에게 060
그대와 춤을 062
사선 064
주파수 065
바람이 분다 2 066
돋보기 1 067
꿈 068
깃발 069
새순 070

제4부 길을 떠나다

민들레 홀씨　073
소년과 나무　074
도시의 숲　075
지진 이후　076
물방울　077
팥죽　078
기억의 서랍　079
통증　080
검지 손가락　081
양말 구멍　082
연어의 꿈　083
몽당연필　084
3월의 폭설　085
내면의 소리　086
십 원 동전　087
권금성 가는 길　088
바람이 분다 1　090
새로운 귀환　091

발문 『여정, 길 위의 시선』 발간에 부쳐 박헌오　093

〈일러두기〉
* 본문에서 ⟩는 '단락 공백 표시'로 한 연이 새로 시작된다는 표시이다.

제1부
두 별 사이의 거리

너를 처음 본 순간

홀연
세상은 하얗고
가슴 아래쪽 물고기가 팔딱거린다

속살을 드러내며
풀잎들이 춤을 춘다

두 눈에 담긴 바람의 웃음소리
이렇게 살아줘서 고맙다

먼 먼 인연의 길을 떠나
날 찾아온 빛의 날개

10센티

외로운 두 개의 별은
신비의 꽃이 되었습니다

한 사람이
한 사람에게 다가가 꽃이 되는 비밀

두 별 사이의 거리는
얼마일까요?

늘
하나가 되기를 꿈꾸었지만
두 별 사이에는
향기가 흐르는 꽃밭이 있어

마음의 거리는
십 센티

기도

새벽 네 시
방안, 긴 어둠을 삼킨 고요
촛불은 간절한 소망 담고 타오른다
허공이 뜨거워지며 날이 밝아온다

삼시 세끼의 오랜 습관
어머니가 부엌에서 낚아 올린 고기 한 마리
밥그릇엔
생선의 하얀 살이 빛나곤 했지

오늘도 천상에서 소리가 들린다
어머니는 늘 서서 일하다가
기도할 때 비로소 무릎 펴는 자리
어디선가 장미꽃 향기가 물들어 온다

흔적

책장, 벽지, 부엌의 수납장, 문과 문틀
지난해 집을 고치면서
하얀색으로 바꾸었다

대문 옆, 테이프에 겨우 매달려 있는 광고물은
오늘도 바람에 흔들리고 있다
떼어낼 때마다
벽을 뚫고 나온 손톱만큼, 벗겨지는 페인트칠

유년의 늦은 저녁
끈으로 묶어둔 옷장 문의 틈새가 벌어지면서
안에서 누더기 무거운 옷들이 와락
쏟아지곤 했지

창밖의 나무는 잎사귀와 잔가지들이
하나가 되어 춤추고 있다

내 안 푸르게 열리는 하늘

고개 들어 문득
눈물이 가벼워질 때까지 바라본다

얼룩진 시간의 먼 지평 너머를

기다림

툇마루에 걸터앉은 엄마
철 대문을 활짝 열어놓고
다섯 시간째 빈 버스정류장만 응시한다
오늘은 우체부의 그림자도 끊겨
눅눅한 적막만이 집안을 지킨다
저녁, 처마 끝으로 돋는 빗방울 소리

어깨가 시린 것일까
억새풀도 바람에 기대어 흔들리고 있다

산등성이 너머
막내딸 향한 기도의 한 구절 구절이
어머니의 묵주 마디마디에 배어들고
어둠이 소리 없이 문지방을 넘어설 때
이미 눈물은 독백으로 말라 있다

네가 돌아서는 순간, 엄만 네가 그립단다

뜨락의 단풍나무 한 그루
오늘은 눈시울마저 붉다

우체국 가는 길

나무마다 매달린 꽃말과 원산지 명패
문득, 고향 가는 길이 떠오른다
발걸음 뗄 때마다 멀어졌지만
마음은 오히려 뒷산에 머물고
봄비에 떨어진 이팝나무 꽃잎들
흰쌀밥처럼 흩어진 위로
바람처럼 서러움이 고이는 것은
유년의 텅 빈 밥상 때문일까

누군가의 집 울타리에 핀 빨간 장미들
한 송이 꺾어 어머니께 드릴까
눈물 담은 편지 몇 자 적어
보낼 수도 없이 아득한 거리
한 줄기 바람이 불어오자
흰 꽃잎들이 허공에 모여 다 함께 춤을 춘다
빈 소포 가슴에 끌어안자
멀리서 떠오르는 그리움의 손짓 하나

촛불
— 월남에서 산화한 작은오빠를 기리며

불꽃을 이루는 힘은
꿋꿋한 마음 강한 허리 아닌가

— 이제 육신의 하복夏服은 고이접는다
내가 너를 다시 볼 수 있으려나
빛바랜 작은오빠 일기장에 번진 낡은 잉크 자국

어떤 캄캄한 바람이 전장을 휩쓸어
아름다운 그 길을 쓰러뜨렸나

흔들리지 않는 청춘과 손잡은 불 밝힌 한 무리는
거대한 황금의 강을 이룬다

푸른빛이 되어 울부짖는다
이 땅에 평화의 꽃을 피우자고

2월의 옷깃

새벽 6시, 지혜병원 암병동 1301호
핼쑥한 큰언니를 두고 우리는 둥지를 이루었습니다
모두의 눈가에 젖어드는 기억의 길

가슴에 깃든 얼룩을 지우면서
금 간 마음의 그릇을 메우면서
빈자리의 등을 쓰다듬으면서
마지막 남은 말을 하려는 듯
창밖에는 하염없이 흰 눈이 쌓입니다

세찬 바람 속에도 밝게 웃는 노란 복수초
언니의 손 때 묻은 기도 책을 흙 속에 묻고
우리는 말을 잃었습니다
바람 속에서 빈 바람 되어 서 있습니다

우물가에서

나비떼들이 모였다 사라진 큰 바위 옆 샘물
내어주고 또 내어주어도 솟아나는 맑은 물의 기쁨은
어디서 오는 것일까

눈썹마저 하얀 늙은 총각
처녀의 까만 머릿결이 벚꽃처럼 흩날리는 밤
서로의 얼굴엔 웃음꽃이 빛나네

바닥의 두레박줄을 잡는 여자에게
남자의 손길이 포개지네
두 사람 마음은 이미 하나가 되었네

남자는 떨리는 가슴으로 고백하네
황혼에 찾아온 사랑 꽃잎 되어
여자의 얼어붙은 심연에 살포시 내려앉네

짝

감천, 수면 위 오리 두 마리
원을 그리며 마치 한 몸인 듯
한가로이 노닌다

나의 시선이 마주하는 그리움의 액자
빛바랜 두 장의 흑백사진
저세상으로 가신 날도 한 날인 어머니 아버지

나의 짝은 어디에 있을까
꽃과 화병처럼 하나가 되는
서로의 가슴에 태초의 물처럼 깃드는,

인연 1

물속에 비친 여인은
옷깃을 여미며 부끄러운 듯
볼을 붉히네

얼굴을 마주할수록
깊어지는 두 사람의 마음자리

어쩌지 못할 곡절의 빛
하루를 천년처럼
영혼의 노래로 쌓아가네

철공소의 봄

 사전투표 가는 도중 낯선 동네 지나니 빼곡히 모여 있는 3평 남짓한 공장들, 어두컴컴한 긴 통로와 그늘들, 차가운 시멘트 바닥엔 쇠붙이들이 헝클어져 있다

 낡은 신발의 용접공 철제 모자를 쓰고 배고픈 양푼과 삶의 서글픈 매듭을 녹여내고 있다 이마에 반짝이는 땀

 담벼락 갈라진 틈 사이로 연초록 생명이 돋아나고 있다 잡초란 이름은 얼마나 교만한가 일제히 하늘 향해 손을 흔드는 노란 꽃잎의 대열 어떤 꽃은 비스듬히 앉아 기도하고 있다

 보이지 않는 뿌리가 차라리 자유로운 것일까 땅속 깊이 사방으로 빛의 씨를 심는 나무가 우뚝 서 있는 힘의 비밀 용접공의 손은 흙 속 어디에나 있다 은밀한 어머니의 손

이팝나무

초록 잎사귀 위
살포시 앉아 있는 하얀 꽃
불현듯 튀겨 놓은 쌀밥이 그리워지네

도시 가로수에 땅거미가 젖어들면
분주한 발자국들 너머
흙장난하고 있는 한 아이가 보이네

이리역으로 찐 감자 팔러 간 엄마
빨간 기왓장으로 고춧가루 만들고
몇 개 꽃잎을 버무려 먹던 어린 시절의 비빔밥

아이는 눈물을 매달고
밥상 위로 쏟아지는 흰쌀밥을 꿈에서는 볼까나
하얀 꽃들 너머 사라지는 흰 구름

넝쿨

4월 중순, 문 앞까지 밀려들어
여기는 나의 구역이라고 금을 긋고 있다

눈을 마주치자 쑥스러운 듯 고개를 떨구며
소리 없이 경계를 허물어 가고 있다

밤새 기어오르더니 오늘은 담 위에 올라앉아
한 가닥 햇살을 당겨 시상에 잠기어 있는 걸까

바람 한줄기에도 일제히 손 흔들며 반기는 초록 잎맥들
마음속, 하나 된 하늘을 열어가고 있다

대파의 생명

한겨울, 큰 화분에 옮겨 심은 초록 한 단
우뚝 하얀 줄기가 훤칠한 사내만 같다
빨간 철사 줄에 동여 매여 있어도
빛나는 팔의 근육

겨우내 잘라내도 어김없이
더 높은 하늘로 손을 뻗는 자유
뿌리 속에는 날개가 숨어 있는 것일까

시간이 흘러 형체가 뒤엉킨 갈색 한 무리
한쪽은 시들어 가벼워지고
한쪽은 더욱 연둣빛 푸르름 밀어올려
새로운 꿈을 꾸는 비밀을
나는 언제쯤 깨우칠 수 있을까

노모와 밥

환갑이 지난 오빠에게도 마흔 살인 딸에게도
아가, 밥은 먹고 다니니 밥 먹여 보내야 할텐데

여든여덟의 노모와 쌀 항아리
바닥 긁는 소리 귓전을 울리나 보다

개미 공동체

아파트의 담장과 시멘트 바닥의 틈새
개미들이 분주하다

서로 돕고 함께 나누어 먹는 손들
두마면 마을 뒷산
느티나무도 햇빛과 바람과 늘 하나였지

다닥다닥 붙어 있는 집들 허기가 내려앉는 겨울 밤,
그림자 사이로 절망은 지나가고
정겨운 사람의 냄새가 바람을 타곤 했지

제2부
그대가 좋다

어머니

강아지 똥강아지
마음 담아 불러대며

시린 손 움켜쥐고
곱게도 살아온 날

꼬부랑
허리 휘감은

세월의 강 건너온다

그대를 보고 있으면

긴긴밤 두드리며
불꽃 되어 기다린다

그대는 하늘을 건너
찾아오는 가객인가

달무리
펴고 앉아서

황홀하게 태우리라

그대가 좋다

지나온 이름들을
끌어모아 불 피운다

보일 듯 설렌 미소
시간의 벽 허물고

다시금
마주하는 얼굴

오늘 더욱 고와라

내 안의 그대

금이 간 마음속에
별빛이 새어든다

임의 별 만났으니
목마른 심정이다

바람에
흔들리는 뜨락

곁에서 잠이 들까

자화상

너와 나의 행복으로
꽃향기 피워내며

하루를 살지라도
곱게 사는 꽃송이

봉오리
묵묵한 미소

그 기쁜 삶 배운다

빈집

나지막이 내려앉는
집 문패만 성성하다

황량한 잡초 위에
나뒹구는 편지들

고요가
걸린 빨랫줄

거둬줄 이 찾는다

잡초

공주 같은 꽃이기를
수천 년 꿈꿨지

잡초란 죄목으로
잘려도 또 일어서는

질긴 삶
목마른 영혼

잠 못드는 민초여라

갈등

등나무 칡나무는
씨름하며 휘감기고

그리움과 외로움은
마주쳐 팽팽한데

자세히
들여다보면

갈등으로 사는 세월

인연 2

얼굴을 마주할수록
깊이 앉는 마음자리

옷깃도 사각사각
몸 부비는 웃음소리

너와 나
어찌지 못할

인연의 빛 쌓아가자

효자 6목
― 대전문학관 앞 뜰에서

맨몸으로 겨울나고
하늘 섬겨 자란 나무

모태의 뿌리 위에
효심 키운 육형제 木

보듬어
뻗어간 하늘

울창하게 눈 맞춘다

아메리카노 2

새까만 동공으로
응시하는 세상의 창

뜨거운 상봉으로
적셔주는 외로운 길

한편의
쓴맛 같은 삶

위로하는 우리들

어디로 가는가 2023

바다 위 팽팽한 돛
멀리서 바라보네

만나고 헤어지는
정해진 운명 따라

순수한
기도의 손길

불사르는 영혼을

박 씨의 오일장

어제는 유성 시장
오늘은 신탄진 장

굽은 등 비 맞으며
막걸리 잔 기울인다

고단한
숟가락 장수

화엄경을 외운다

돋보기 2

벽장을 정리하다
손에 잡힌 뿔테안경

생전에 못한말이
불현듯 떠오른다

아버지
사랑합니다

함박웃음 짓는다

제3부
길 위의 시선

가지치기

베란다에 고무나무 한 그루
훌쩍 키가 자라 천정에 닿았다
기역 자로 길을 내주어 새 잎들을 다시 키우고,
창가로 고개 내미는 것은
흰 구름에게 무언가 속삭이기라도 하려는 걸까
푸른 잎새 사이로 막 도착한
바람과 하늘을 건너온 햇살이
하나가 되어 반짝이는 오후

나는 마침내 가위를 들었다
가지가 굵어지고 잎들이 팽팽해지는 건 필경
뿌리의 힘 그러나 잘려나가는 건
줄기와 잎새들이다
창가에 반듯하게 서서 푸른 시선으로
나를 바라보는 고무나무 눈빛에는
새로운 하늘빛이 담겨 있었다

돌단풍

 도서관에서 만나는 김 노인 부인은 연상이라는데 늙은 남편에게 '신랑新郎'이라 부르는 풍경은 부럽기만 하다 봄의 식탁엔 빨간 튤립, 노란 장미의 접시들 두 손 꼭 잡은 신랑과 신부로 보인다 도서관에서 다시 만난 김 노인 좋아하는 게 무엇인지 내게 물었다 돌멩이 별꽃 나무 독서대 시와 오선지 머위나물 이렇게나 많은데 입안에서 맴도는 '신랑'

 창을 바라보면 마주치는 화분 한 무리의 돌단풍 꽃들 너를 철쭉이라 잘 못 불렀구나 하얀 턱시도를 입고 꽃대 높은 너, 태어난 자리 바람 불어도 흔들림 없는 너에게 나의 신랑이라 부르마 진분홍 치마와 초록 저고리 5월 만큼은 나의 신랑, 돌단풍

바닥

 지금은 길 위에 서 있는 시간이 많다 고물상에서 받는 금액은 320원, 150원, 600원 등 은빛의 하루다. 뒤집어 보기도 냄새 맡기도 어디선가 낯익은 닭똥 냄새 500원에서 두루미 한 마리가 날갯짓 하며 금방이라도 퉁겨 오르오르는 듯 나는 새 하늘로 매일 떠난다. 가장 낮은자리에서 황금빛을 내뿜는 십원 바람도 구름도 흘러가는 빈 벌판에서도 감사의 한 줄을 읽는다 긴급생활비를 대출받아 산티아고 순례길의 수백 킬로를 걸었다 순례라는게 진짜 있기라도 한 걸까 등줄기를 따라 발밑까지 젖어드는 용서의 땀 영혼의 빛과 햇빛이 하나 된 길 끝나도 끝나지 않는 욕망, 허공의 바람을 붙잡고 살아온 탕자의 아들처럼 내가 나를 말없이 품에 안는다

산티아고, 순례길

빨간 신호등 앞에서
쉼표를 찍었을 뿐
종일토록 비틀거리면서도
길 위의 시선은
종착역
하얀 벽에 가 있다
꽃들에 둘러싸인 액자 속의 웃는 사진

다시 걷는다
윗마을에서 아랫마을까지
세상 먼지를 털며 숲길로 들어선다

저마다 다른 색깔로 서 있는
키 큰 나무들 옆
낭떠러지가 있는 산등성이 외길

경계선의 굵고 꼬여진 밧줄을 붙잡는다
한 줄로 걷는 곡선의 사람들

〉
기울어진 흙담 옆
단단한 나이테와 나뭇잎의 여백 사이로
펼쳐진 바다의 풍경

물결은 제 홀로 눈부시다
파도에 휩쓸린
모래섬의 하얀 조가비 하나

감꽃

아파트 앞 울타리 사이 좋은 다섯 그루 감나무
여름 날, 창문 사이 손바닥보다 너른 잎들이
봄의 향기 흩날린다

긴 겨울 지나온 연둣빛
입술 떨며 둘레를 살포시 끌어안는다
잎사귀 사이 묻어나는
은밀한 슬픔
어느새 그리움으로 덮고 가을을 기다린다

열매 익어가는 소리 들으며
투명한 꽃잎으로 피었다가 흙색으로 질 때
나 또한 그 길 따라 들어가리라

얼음조각

겨울바람, 더욱 찬 눈물 같은 그리움
얼굴에 녹아내린다
온몸 다듬어 평생 남을 위해 사는 운명

숭례문 높은 처마
용의 꼬리에 매달려 두려움에 가득 찬 눈
허공에 고정시킨 채
푸르름을 벗 삼아 적막 속에 앉아 있다
얼마나 더 벗어야 흰 구름 앞에 가볍게 설 수 있을까

스스로 부숴지려는 몸부림
화려했던 집을 뒤로하고 별빛 우러러 키워온
세상을 굽어보며 서서히 자신을 버리는 믿음의 높이

오늘 내 발치 아래 힘없이 무너지고 있다

도기 그릇

계족산 자락 이현동 도자기방에서
너를 보는 순간
나는 너와 하나를 이루었다

이제 너는 슬픔 외로움 모두 이기고
눈빛 하나로 말을 건네는구나
비어있는 너의 내면 파문혀 오는 알 수 없는 울림

한평생 불로 다스려 빈 들녘처럼 가벼워졌어도
늘 채워있는 마음

나 그렇게 살리라

아메리카노 1

비 오는 가을 저녁
첼로의 선율
거품들이 재잘거린다

벽, 고흐의 한쪽 귀는
무엇을 듣는 걸까
창밖에 웅크린 오동나무

강호에게

 강호야 사십권의 책을 싣고 오던 날 수레가 주저앉아 그거 끌고 오느라 자정이 넘었다고 하니 네가 수레를 즉시 주더군 내일 장에 나가 밀린 감자를 당장 팔아야 하는데도 말이야 공대를 나와 시는 왜 쓰냐고 내가 물었지 깊은 숨을 고르며 새벽 네 시의 공허함을 말하더군 너는 어머니가 마냥 좋다지 스물여섯 해 술 한잔하고 보고픈 수화기 속 어머니는 '아가 밥 먹었니' 였다고 어머니는 안녕하시니 오늘 시골집에 다녀왔다지 백세 향한 어머니는 직접 잡은 소라를 얇게 저며 주시면 너는 마음의 그릇에 담아 온다지 아픈 채로 태어나 생사의 고개를 넘나들 때 오롯이 기도한, 옥빛 대접이 있었다지 너는 내게서 받은 선물이 많다지만 난 준 적이 없어 차린 밥상에 갓 지은 밥과 숟가락 하나 얹었을 뿐 내가 이사간다고 하니 너는 손 편지 한 장 써줄 것을 부탁했지 산 1번지로 말이야 산동네라 파란 하늘과 뭉게구름을 바로 본다지 오래도록 주인 곁을 지키던 하얀 강아지는 어디 가고 툇마루에 홀로 앉은 강아지 인형이 낯선, 숙주를 안주 삼은 소주 속에 웅크린 검은 얼굴이 수상한 그곳은 무탈한지 허리 뼈 일곱 개가 비어 봄의 중심이 흔들린다는 나에게 예전에 말했지 이 길이 끝은 아니라고 겨울 산의 노을빛, 눈 내리는 밤에 바흐의 무반주 첼로 공연을 보라고 이번엔 네 차례 카잘스 첼로 연주 "새들의 노래" 보낸다 정말이지 이 길이 끝은 아니잖아

그대와 춤을

11층 할머니에게 받은 한 평의 땅
무엇을 심을까

묘목 상회에서
모둠 상추씨와 콩씨를 샀습니다

어제는 봄비가 내렸습니다
흙이 촉촉하니 싹도 자랍니다

옆집 칡넝쿨 줄기가 선을 넘어와
콩 줄기에 몸을 휘감습니다

나도 그 위에 다리를 걸고
한 손으로 줄기를 잡습니다

누가 누구에게 휘감는지
그토록 원했던 우리는 하나가 되었습니다

소리 없는 음악에 맞춰 춤을 추다가
멈추었다가 바람 불면 다시 추다가

나의 삶
한편의 인생 연극
연기演技로 살다가
구름 속을 뚫고 연기煙氣로 사라질
그 끝을 바라봅니다

사선

횡단보도 앞 화살표,
건너편의 신호등
간절한 초록의 깜박임

하얀색의 계단들 숨을 멈추고 서성이다
저 금을 넘으면 다시 돌아갈 수 있을까
떨어지지 않는 발걸음

주파수

광안대교 아래 한 시간 관광코스,
커플 요트에 홀로 올라탑니다

배가 힘을 다해 속도를 내지만
가도 가도 바다뿐

뱃머리 위, 칠흑 같은 밤이기에 동공이 별입니다
연인들의 눈 맞춤, 요란한 웃음과 셔터 소리

흔들리던 나의 시선이 하늘을 향합니다
새롭게 펼쳐진 바다 푸르게 물결치는 내 안의 우주

출렁거리는 별빛 위에 종이배 하나 띄워 놓고
먼 여정의 항해를 시작합니다

바람이 분다 2

흔들리는 숲의 가지 끝에 걸려 있는
녹빛의 햇살
작은 소리에도 일제히 고개 젓는다

배롱나무가 말한다 우리 서로 힘이 되어 주자고
380년 뿌리 단단한 버팀목 보자기 싸듯
온몸으로 어둠의 상처를 깁는다

생의 끝자락을 생각했던 자리
어디선가 풀벌레 울음소리
돌담 아래 모여 있는 민들레 그림자

날아갈까 멈추어 서 있던 그 자리
다시 돌아선다 넘어진 돌부리 잡고
일어서는 꽃 한 송이

돋보기 1

눈을 감으면 비로소 보이는 세상
어릴 적 가을 풍경 속을 걷는다
길가 모퉁이
엄마는 분유 빈 깡통을 의자 삼아
늦도록 생선을 팔고
외로움이 머무는 그 곁에
국화 한 송이 별빛을 머금고 있다
막다른 골목에까지 닿는 내 발걸음
한 줄기 바람은 기억의 아픈 신음 소리를 실어 오는데
묵묵히 날 지켜보는 엄마의 그림자
밤 하늘에 닿을 만큼
몸으로 내 앞에 길을 만들고 있다

그 길 위에 내가 있다

꿈

새벽 5시
뒤척임 속에 부서지는
기억의 얇은 페이지들

간밤엔 생생한 이야기였건만
홀연 연기 속으로 사라지는 파편들
무어라 이름할 수 있을까

문득 머리맡의 휴대폰을 집어 든다
밝은 빛들이 모여 이루는 응답의 흔적들
다가오는 모든 것들이 사라지는 안개와 같다면

먼 지평에 서서 나는 떠나보내고 싶다
그대에게 닿는 외로운 길 하늘 향해 팔랑이는
깃털 하나까지라도

깃발

옥상, 쇠말뚝 한 줄의 묵상
반쯤 펄럭이는 글자에 혼을 담은 고독한 존재

아픔을 부여잡은 믿음의 깃대
인연의 끈을 더욱 단단히 조인다

스산한 바람에도 날개를 펼쳐
온몸으로 깃들이는
엄마의 그리운 노래, 이 풍진 세상

나의 시선은 난간의 중심잡으며
흰 구름 너머 먼 지평을 품는다

새순

봄빛이 기지개를 켜나
비록 작지만 바위 틈새 눈 뜬 초록빛 돌나물

어디선가 날아온 새 한 마리
신기한 듯 기웃거리며 미소 짓는다

바람을 타고 날아와 실뿌리 내린 발톱의 쓰라린 상처
맑은 눈물에 젖어 하늘을 본다

어둡고 긴 터널을 지나 햇살을 잡고 일어선
한 소절의 그리움이 생명을 키우고 있다

제4부
길을 떠나다

민들레 홑씨

하얀 깃털 하나 달랑 몸에 지니고
고향을 떠나네

내 뜻대로 다 할 수 없으니 바람에 맡기고
허공의 길에 머무네

발길 닿은 숲 달빛은 외로운 머리맡에
그리움을 묻어두네

다시 시작하는 하늘 아래 홀로 쌓는 기도
비로소 나는 새벽을 열어가네

소년과 나무

물이 끌어당긴다 흰 구름의 그림자
반짝이는 이슬과 빗방울 태초로부터 시작된 길
메마른 땅을 적시며 내洙를 이룬다

강물이 굽이치는 곳마다 마을이 붐비고
소년은 꽃을 심는다
한 송이 꽃마다 깃드는 바다의 꿈
나무는 고요한 밤이면 새들의 지친 날개를 품는다

나무그늘 아래 쉬었다 가는 지친 마음들
소년의 눈망울을 담고 흐르는 강물
바다에 이르러 비로소 아침을 이룬다

물이 끌어당긴다 흰 구름의 그림자
지상의 집들은 아침 빛 속에서 기지개를 켜고
소년은 다시 새 길을 떠난다

도시의 숲

공터, 철조망 드리운 채 시간이 멈춘 듯 수년째 잡초에 갇혀 있다 그쯤, 콘크리트 건물로 채워져 가고 하늘, 도로, 미세먼지, 정장과 넥타이 온통 회색빛, 높은 크레인에 매달린 오피스텔의 작은 사각형은 순간, 방향을 잃었는지 허공에서 흔들거린다

대전시 유성구 족욕탕에 두 발을 담근 사람들의 살 냄새와 이야기의 꽃길 껍질 단단한 나이 많은 나무들은 두 팔 벌려 무한한 기도를 쌓는다 침묵의 대지를 깨우는 연둣빛 그늘 아래 어둠이 다시 찾아오더라도 친구, 새 별 어깨를 맞닿고 나는 언제나 푸른 숨을 마시리라

지진 이후

담벼락으로 무너져 내린 아파트 옥상의 물탱크
집안엔 이 빠진 접시들
구들장은 바닥으로 내려앉고
문은 찌그러져 삐걱 될 뿐
아무런 대답이 없다

울음도 말라버린 얼어붙은 표정들
사람들은 무거운 침묵을 어깨에 메고 있다

오늘은
술 한 잔을 빌어서라도
아무 말이나 하고 싶다

물방울

소리 없는 외침으로
나뭇가지에 살포시 앉아
사방천지 생명을 주는 모성의 손
내게 다가와 하는 말
늘 현재에 살려무나

연꽃잎 위에 굴러가는 투명한 조약돌
태초로부터 달려와 대가족을 이루는
은구슬로 목걸이를 꿰어
여행의 끝에 서면
물은 모두가 하나를 이루네

팥죽

한 평 남짓, 연탄불 두 개
찌그러진 양은 대야 안, 인정의 덤이 끓고 있다
엄마는 좌판을 들고 몇 번이고 장소를 옮겨야 했다
그 아픈 기억들 너머 시장통의 식당
숫자가 거꾸로 보이는 달력 뒷장
"옛날 가격 그대로, 삼천 원" 차가운 벽에 붙어 있다
새벽을 여는 분주한 발걸음들
봄이 벌써 찾아왔나, 바닥에 그려진 철쭉 꽃잎
진한 향기가 날아갈 즈음
"한 그릇 더 드실라우?"
늙은 여주인은 앞치마 주머니에 굳은 양손 쑤셔 넣고
그 사이 또 졸고 있다
역전 시장의 좁은 골목길
돌고 돌아 들어가면 아기들의 허기진 소리
마음 점점이 울리는데
갑자기 어깨를 감싸는 엄마의 숨결
결국 콧등이 시큰해지더니
눈물 한 방울 무릎 위로 떨어진다

기억의 서랍

다락방 한구석 무거운 짐짝을 열었다
먼지 쌓인 공책 사이에서 장미의 마른 잎들이 떨어진다
아득한 시간 저편에서 춤을 추듯 내려오는 꽃잎들

사실은 숨기고 싶은 이야기들
봉천동 산 100번지가
띄어쓰기 없는 엄마의 일기장으로 펼쳐진다

낡은 지붕, 걸핏하면 비가 새는
다락방에 웅크린 소녀
빛바랜 치마저고리와 구멍 난 고무신
그래도 가난은 오랜 벽지처럼 따뜻했다

통증

고통 속에서 껍질을 깨부수는
매운 눈물은 때로 사랑의 불이 되는 것일까

엄지발톱의 통증으로 하얗게 지새우는
동틀 무렵만 기다리는 밤의 터널이 이리도 길건만

산등성 너머 홀연히 떠오른 햇살 한줄기
나를 일으켜 세운다

검지 손가락

망가진 의자
바닥과 다리 틈새에 손톱이 으깨졌다
살이 찢기고 피가 선홍빛 분노처럼 흘렀다

눈가에 맺힌 눈물 쓰라린 방안에서 서성이다가
소독약을 부으니 흰 거품 속에
봄날 눈을 뜨는 새싹이 떠올랐다
아픔은 때로 세상에 남겨진 자들이 피워내는 꽃

찢긴 상처에 새 살이 돋고 하얗게 자라 오르는 손톱을 쓰다듬으며
나는 겨울나무 뿌리가 결코 잠들어있지 않음을 본다
기지개를 켜며 웃는 꽃들의 미소를

양말 구멍

왼발 뒤꿈치 동그란 오목렌즈로
들여다보는 고향 집 대문과
어린 시절

저녁 무렵 평상의 밥상 언저리
나는 숟가락만 입에 물고
둥글고 따뜻한 달빛 그리며 하늘을 쳐다봤지

꽃밭 아래 크게 파인 웅덩이가 보이고
벌들과 꿀이 사라진 자리, 세월의 아픈 속살
그것을 메꿔 줄 푸른 바람의 손은 어디 머물고 있을까

연어의 꿈

바다를 버리고 모천母川으로 돌아간다
상류가 가까워질수록 깊어지는
고향의 냄새

기억 속에 반짝이는 어머니의 눈빛
초록 기운으로 내 온몸 감싸며
맑은 미소로 숨을 거두던 그 길을 따라 우리는 함께 간다

날카로운 모래톱을 지나고 거칠고 세찬 물살을 거슬러
따가운 햇살을 입에 물고
하나 되어 간다

도달할 곳이 장엄한 죽음의 늪지일지라도
투명한 구슬 같은 알들 자갈더미 사이 묻으며
마침내 눈 뜰 새로운 나를 위한 천년 사랑의 여정

몽당연필

시를 쓴다
엄지와 검지 사이
작은 키를 움켜진 흑심이 단단하다

끝이 무뎌지고 칼을 갖다 대자
바람 새는 소리
긁히고 깎아질 때마다 오롯이 드러나는 민낯

멀리 보이기만 했던 근시의 글자들
그러나 흐릿한 실체들 하나씩 모아
한 획 한 획 모를 심듯 가까이 끌어안는다

3월의 폭설

TV 아나운서는 10년 만에 대구에 폭설이 내렸다고 목청을 높인다 아파트 단지 차량들은 흰 이불을 두껍게 덮고 모든 길들은 방향을 잃는다 길가 산수유나무는 흰 눈 속에 노란 등불을 달고 있는데 대체 어떤 길을 밝히는 것일까 문득 영혼의 길 따라 몸으로 뻗은 길들이 서성인다 사람들은 얼음마저 깔린 눈 위를 비틀거리듯 걷고 있지만 내면으로 드는 길은 봄을 잊은 걸까

내면의 소리

새가 되어 바람을 따라 떠나라, 속삭이며
슬픔을 안겨준다
고요 속으로 사라진다

일어나라 서서 별을 우러르라, 속삭이며
나를 깨운다
고요 속으로 내려앉는다

흔적도 소리도 없이
일상의 문을 열고 들어와 내 마음의 심연에
한 구절의 잠언처럼 앉아 있다

십 원 동전

비 온 후 길옆에 구릿빛 동전 하나
살짝 고개를 내밀었다
나는 동전을 주워 큰 선물이라도 받은 양
가슴에 품었다
돈이란 공동체를 위한 따뜻한 숨결,
그 숨결이 햇빛을 만나 살아난 듯
다시 반짝인다

권금성* 가는 길

흰 구름 사이를 헤쳐 나온 햇살은
녹색의 잎들로 빛나고
능선을 따라가는 깊은 바람에 젖는다

검은빛 바위를 타고 오르며
사람들은 깔깔대고 다람쥐처럼 뛰어오른다
공중을 나는 새들조차 우리들 사이로 끼어든다

짙은 아카시 향내에 잠긴 숲속으로 들어서자
상처 난 고목 등걸이 발에 채이고
발등에 밟히는 내 그림자

허리 펴고 지나온 길을 내려다본다
작은 성냥갑처럼 모여 있는 집들
오랫동안 분홍빛 사랑과 평안을 꿈꾸었지

발걸음을 돌리니 내 앞에 펼쳐진 무한 천공

야고보서 4장 8절의 말씀이 이마를 적신다
— 하느님께 가까이 가십시오
그러면 하느님께서 여러분에게 가까이 오실 것입니다

* 설악산의 한 지맥을 이루는 산정.

바람이 분다 1

춘삼월 아파트의 숲, 비가 내린다
한 마리 아기 새
손을 흔들며 둥지를 떠나고
빈 나뭇가지만 적막 속에 흩날린다

땅 위로 민낯을 드러낸 고목의 뿌리들
양팔을 벌리기도 버거운 간격 사이
비가 그치자 전기톱을 든 사내가 밑동을 자르고 있다

오랫동안 숨결을 나눈 이웃들이 떠나는 풍경
슬픔을 전하지도 못한 시린 마음에 긴 고랑을 판다
성장하면 사라지고 사라지면 돌아올 수 없는 길인가
그 위로 바람이 분다

새로운 귀환

서울발 대전행 기차표 한 장, 주머니에 넣는다
노을이 지는 차창 너머 벼 이삭들 넘실대며
농부의 땀도 함께 달린다

사람들 웅성거림에 잠을 깨니 낯선 도시
캄캄한 적막 속에 버려진 듯
홀로 선 절애絶涯의 어둠 속에서
나는 다시 되돌아갈 등불을 밝힌다

한 사람씩 들어서는 열차의 좁은 계단
여행의 종점, 집으로 향하는
방황의 안개에 기대어 가만히 듣는다

다시 나의 손에 쥐어진 또 다른 삶의 여정인가
새로운 기차표를 가슴에 품는다

"서로 사랑하여라, 내가 너희를 사랑한 것처럼"*

 * 요한복음 15장 12절의 성경 구절.

발문

『여정, 길 위의 시선』 발간에 부쳐

박헌오
(시인, 대전문학관 초대관장, 한국시조협회 명예이사장)

　윤여정 시인이 등단 10년을 기념하여 『여정, 길 위의 시선』이란 시집을 발간한다며 65여 편의 작품을 복사한 (가) 편집본을 가지고 와서 글을 부탁한다.
　윤 시인은 2013년쯤 내가 대전문학관장을 맡아 문학 교실을 개설했을 때 와서 맨 앞자리에 앉아 강의를 들으며 열심히 공부하는 수강생으로 만났다. 그 후 여러 문학 강좌를 들으며 지금까지 10여 년을 계속해서 문학도로 활동하고 있다는 것 말고는 책의 안쪽 날개 면에서 경력을 조금 알았을 뿐, 자세히 아는 바가 없다. 다만 이름이 '여정'이어서 기억하고 우수 어린 눈과 엷은 미소에 젖은 입가의 표정이 한결같음이 인상에 남는다.

그런데 2023년 8월 1일 대전문학관에서 매주 화요일 함께 공부하는 시조 반에 오랜만에 와서 원고 뭉치를 건네주어 보게 되었다. 그의 이름처럼 '삶의 여정' '문학도로서의 여정'을 작품을 통하여 실감 할 수 있었기에 망설임을 접고 이 글을 쓴다. 10년 전에는 머리가 까맸는데 이제 하얀 머리로 변해 있었고, 지금 꾸려온 작품은 꽃망울이 향기가 풍기는 과일로 성장해 있음을 보는 내내 놀라움을 금할 수 없었다. 유리그릇 같은 그의 삶이 느껴졌다. 문학소녀 같은 그의 삶은 변하지 않는것 같지만 그의 문학만은 풍성하게 변해 있었다. 전편의 작품을 한번 훑어보면서 곁을 떠나지 않는 어머니상(像)이 있는데 아버지에 관한 작품은 「돋보기 2」시조 한 편뿐이다. 어쩌면 착하고 순진한 딸을 세상에 남겨두고 부모님이 어떻게 떠나셨을까 하는 생각이 드는 것은 나의 편견일지도 모르지만 한 조각의 관심임을 부인할 수 없다. 가톨릭 신앙을 가진 윤 시인의 마음속에는 어머니를 모시는 마음의 작품만을 내놓기만도 벅찬지 모른다. 같이 한 교실에서 공부해온 도반들에게 특별한 인상을 주었을 것이기 때문에 느낀 대로 소개하고 싶은 말이다.

첫 시집으로 엮고자 하는 작품은 모두 66여 편인데 4부로 나누어 놓았다.

두 별 사이의 거리, 그대가 좋다, 길 위의 시선, 길을 떠나다 모두가 어머니의 유산(遺産)을 벗어나지 않은 언어들이다. 마치 가만히 놀고 있는 아이가 어머니가 살짝 떠난 줄도 모르고 계속 문학 놀이에 골몰하고 있는 것 같다. 순수하면서도 깊은 고뇌가 담긴 작품들이고 특히 대부분 작품이 첫수에 집중도가 더 높게 느껴진다.

윤 시인을 10년 전 대전문학관 문학교실에서 만난 이후 시의 수준이 이미 많이 성장해 있기도 하고 한 편으로 그의 순수함과 선함으로 여리게 핀 한송이의 꽃이 세상과 부딪치는 모습이 감지된다. 시를 읽으면서 특히 윤 시인이 살아가는데 어머니의 이야기가 깊이 느껴진다.

오늘도 천상에서 소리가 들린다
어머니는 늘 서서 일하다가
기도할 때 비로소 무릎 펴는 자리
어디선가 장미꽃 향기가 물들어 온다
―「기도」부분

환갑이 지난 오빠에게도 마흔 살인 딸에게도

아가, 밥은 먹고 다니니 밥 먹여 보내야 할텐데

　　여든여덟의 노모와 쌀 항아리
　　바닥 긁는 소리 귓전을 울리나 보다
　　　　　　　　　　　　　　―「노모와 밥」전문

　　강아지 똥강아지
　　마음 담아 불러대며

　　시린 손 움켜쥐고
　　곱게도 살아온 날

　　꼬부랑
　　허리 휘감은

　　세월의 강 건너온다
　　　　　　　　　　　　　―「어머니」단수 시조

　윤 시인의 환상에는 언제나 어머니가 삶의 원천이자 이유로 머물러 있다. 딸을 위해서 기도하는 어머니의 손에서는 장미꽃 향기가 우러난다. 그 손으로 다독여준 윤 시인의 몸에는 어머니의 향기가 배어있어 넘어지지 않고 서 있는 이유가 될 수도 있다. 장미꽃 향기 위에는 어쩌다 나비가 앉지 못했나를 생각하게 한다. 영원히 순결한 그리움일까?

어머니의 사랑은 변함이 없다. 아들딸은 크고 어머니는 늙어도 날이 갈수록 그 사랑은 더욱 절실해진다. 사랑의 원천인 어머니는 아마 저승에 가시어도 사랑의 넋으로 기도해 주실것이다. 그것이 우주의 마음이고 창생의 신비일 것이다. 너무나 가난해서 하루 세끼 밥을 먹지 못하고 살아오신 우리의 부모님들은 당신은 끼니를 잇지 못해도 언제나 객지에 나가 살면서 보이지 않는 자식들이 밥은 제대로 먹는지 궁금증으로 때를 채우는 것이다. 혹여 객지에 사는 자식이 어머니에게 전화해서 "어머니 식사는 잘 하셨소?"하고 안부를 묻는다면 어머니는 황홀한 식사가 될 것이다. 자식에게 안부 전화를 하고 싶어도 혹 "귀찮아 할지 몰라." 라고 하시면서 참으실 것이다.

윤 시인은 시조도 공부했다. 이 시집 네 번째 꼭지에 단시조 14편을 실었다. 시조는 3장 6구의 가락을 타는 형식에 맞춰 함축적으로 표현하는 우리 민족 고유의 시가(詩歌)이다. 한글 창제 이전부터 우리의 언어와 가락으로 짓고 불리어 오다가 조선 시대에 한글로 정리되어 내려오는 뿌리 문학이다. 윤 시인은 여기에 어머니라는 단시조를 함축적이고 상징적이고 애절한 감성을 잘 표현하여 놓았다. '강아지 똥강아지'라는 한마디를 모를 한국 사람은 없을 것이다.

  종을 치면 그 가슴소리가 절절한 울림으로 멀리 날아가듯이 '강아지'라는 한마디는 자식 사랑이 담긴 공용어의 하나라고 해도 과언이 아닐 것이다. 그렇게 상징적이고 은유적인 말을 찾아서 간결하게 쓰는 것이 시조이다. 다음은 윤 시인의 세상을 보는 눈길을 감지해 본다.

    툇마루에 걸터앉은 엄마
    철 대문을 활짝 열어놓고
    다섯 시간째 빈 버스정류장만 응시한다
    오늘은 우체부의 그림자도 끊겨
    눅눅한 적막만이 집안을 지킨다
                              ―「기다림」부분

    보이지 않는 뿌리가 차라리 자유로운 것일까 땅속 깊이 사방으로 빛의 씨를 심는 나무가 우뚝 서 있는 힘의 비밀 용접공의 손은 흙 속 어디에나 있다 은밀한 어머니의 손
                              ―「철공소의 봄」부분

  지금은 길 위에 서 있는 시간이 많다 고물상에서 받는

금액은 320원, 150원, 600원 등 은빛의 하루다. 뒤집어 보기도 냄새 맡기도 어디선가 낯익은 닭똥 냄새 500원에선 두루미 한 마리가 날개짓 하며 금방이라도 퉁겨 오르오르는 듯 나는 새 하늘로 매일 떠난다. 가장 낮은자리에서 황금빛을 내뿜는 십원 바람도 구름도 흘러가는 빈 벌판에서도 감사의 한 줄을 읽는다

―「바닥」부분

한 평 남짓, 연탄불 두 개
찌그러진 양은 대야 안, 인정의 덤이 끓고 있다
엄마는 좌판을 들고 몇 번이고 장소를 옮겨야 했다
그 아픈 기억들 너머
시장통의 식당
숫자가 거꾸로 보이는 달력 뒷장
"옛날 가격 그대로, 삼천 원"

―「팥죽」부분

윤 시인은 그늘과 그림자들을 독보적인 안목과 예리한 시선으로 바라보고 해석하면서 시심으로 잘 승화시키고 있다. 「기다림」에서는 외딴집의 정경이 적나라하게 드러나 있고 무려 다섯 시간이라는 긴 감성의 흐름이 애잔하게 느껴진다. 「철공소의 봄」에서는 불꽃 튀는 노동이 빛

의 씨가 되고 비밀스러운 관념의 나무가 되고 어머니의 손에까지 닿아 새로운 봄을 일으켜 주는 비약으로 전개된다. 다음 작품은 산문시 「바닥」이다. 고물상으로 온종일 고물을 수집해서 땀을 흘린 대가로 받는 금액이 320원, 150원이란 소중한 거래가 이루어진다. 참으로 놀라운 현실을 직시하고 고발하고 미화하는 함유가 숨어있다. 그리고 500원짜리 동전 한 닢에 그려진 두루미 한 마리가 마치 십자가처럼 느껴진다. 다른 사람들은 느낄 수 없는 환희와 비상을 역설하는 놀라운 메시지를 전해준다. 그리고 「팥죽」이라는 시에서 시장 골목에 좌판을 벌여놓고 이리 쫓기고 저리 쫓기며 생활을 이어가는 사람들의 모습이 절절히 느껴진다. 세상은 다 변해도 그 바닥은 변하지 않기에 옛날 가격 그대로 멈춰 있다. 자세히 읽어보면 먹먹해지는 시 세계가 윤 시인이 걸어온 여정임을 실감할 수 있다. 또 지나칠 수 없는 몇 구절을 다시 발췌해 본다.

다락방 한구석 무거운 짐짝을 열었다
먼지 쌓인 공책 사이에서 장미의 마른 잎들이 떨어진다
아득한 시간 저편에서 춤을 추듯 내려오는 꽃잎들
　　　　　　　　　　　　　－「기억의 서랍」 부분

도달할 곳이 장엄한 죽음의 늪지일지라도

투명한 구슬 같은 알들 자갈더미 사이 묻으며
마침내 눈 뜰 새로운 나를 위한 천년 사랑의 여정
—「연어의 꿈」부분

태어난 자리 바람 불어도 흔들림 없는 너에게 나의 신랑이라 부르마 진분홍 치마와 초록 저고리 5월 만큼은 나의 신랑, 돌단풍
—「돌단풍」부분

벽장을 정리하다
손에 잡힌 뿔테안경

생전에 못한말이
불현듯 떠오른다

아버지
사랑합니다

함박웃음 짓는다
—「돋보기 2」단수 시조

문학소녀의 여정을 가늠해 볼 수 있는 구절들이다. 「기

억의 서랍」에서 윤 시인이 소녀 시절부터 줄곧 문학을 지향해 왔음을 느낄 수 있고, 「연어의 꿈」에서 결연한 자기희생의 의지를 신념하고 있음을 알 수 있으며, 그의 연인은 화분에 심어놓고 매일 가꾸는 한 포기의 돌단풍임을 고백하고 있다. 윤 시인의 마음이 바위에 뿌리박고 사는 소나무처럼 변함이 없고, 회갑의 나이를 넘어 걸어가는 삶의 길이 한 줄기이며, 계절이 바뀌고 세상이 변화해도 비껴가라 하며 멈춰 서 있으니 그에게 '소녀'란 말을 부여하는 것이다. 얼마나 많은 고난과 풍랑이 그를 넘어뜨리려 했겠는지 가늠할 수 있다. 「돋보기 2」는 이 책에서 유일한 아버지에 대한 시조이다. 그런데 아버지에 대한 이 한편의 간결한 말로 함축 시키고 무한히 남은 말을 생략해야 하는 시인의 슬픔이 암염(巖鹽)처럼 묻혀 있음을 상상할 수 있다. 아마도 아버지 생전에 말씀을 드리지 못해서 시조 한편으로나마 작별 인사를 대신하는 것 같다.

윤 시인에게 말해주고 싶다. "발이 부르트고 아파도 지금까지 꿋꿋하게 걸어 온 낡고 정든 신을 신고, 풍파가 휘몰아쳐도 일어서고, 서원(誓願)을 지켜가는 성직자처럼 긍정적인 선택과 결단으로 즐겁고 행복하게 살아갈 수 있기를 기원한다. 그 삶의 여정에 아름다운 길이 열리기를 축원한다."

윤여정 시인의 첫 시집 『여정, 길 위의 시선』 발간을 진심으로 축하하고 격려한다.